W0243609

La vie secrète des bêtes

Dans les Déserts

La Vie privée des Hommes

(suite en fin de volume)

La vie secrète des bêtes

(suite en fin de volume)

La vie secrète des bêtes

Dans les Déserts

Texte de Michel Cuisin
ATTACHÉ AU MUSÉUM NATIONAL
D'HISTOIRE NATURELLE

Illustrations de Wofgang Weber

HACHETTE

Les déserts vivent

Une mer de sable brûlée par le soleil et dépourvue de la moindre végétation, telle est l'image que l'on se fait souvent du désert, mais seule une faible partie des zones les plus arides du monde lui correspond. Ainsi, au Sahara, les dunes ne représentent que 20 pour 100 de la surface totale du désert.

La sécheresse, de grands écarts de température et un vent fréquent sont quelques-unes des caractéristiques essentielles des déserts chauds. L'eau n'y manque pas mais la pluie tombe en très faible quantité et parfois de façon extrêmement irrégulière. Chaque année, il pleut en hiver dans une partie du Sahara, l'été en Mongolie et au cours de ces deux saisons en Arizona et dans le sud de l'Afrique. A l'opposé, dans le centre du Sahara et en Australie, les chutes de pluie sont très rares.

Journées torrides, nuits glaciales. De grands écarts de température sont observés dans tous les déserts chauds : en une seule journée ils atteignent 50 °C dans l'air et davantage au niveau du sol puisque l'on a noté + 83 °C sur le sable au Proche-Orient et 45 °C de moins quatre heures plus tard ! Au Sahara, on a enregistré + 59 °C en été et — 10 °C en hiver.

C'est le vent qui dresse les dunes en balayant le sable. Certaines ressemblent à des croissants, ce sont les barkhanes du Sahara ; d'autres ont l'aspect de gigantesques rides parallèles. Projetés avec force par le vent, les grains de sable sculptent les rochers de la même manière qu'au bord de la mer les vagues, lançant des cailloux sur les falaises, les percent de mille façons. L'érosion « éolienne » est remarquable dans les déserts d'Amérique du Nord (par exemple à Monument Valley) et au Sahara, dans le Hoggar.

Une végétation clairsemée. Sauf exceptions, la végétation désertique ne forme pas de tapis continu et les plantes poussent isolément ou en touffes dispersées. Contrairement à ce que l'on pourrait croire, il y a beaucoup de plantes dans les déserts puisqu'en Asie centrale on a dénombré 1 700 espèces et qu'au Sahara il y en a environ 1 200. Les espèces des régions désertiques se défendent de différentes façons contre leur pire ennemi, la sécheresse. Les unes économisent l'eau en limitant les pertes dues à l'évaporation au niveau des feuilles. Celles-ci sont toutes petites, tombent quand il fait très sec ou encore sont revêtues d'une couche cireuse qui les protège. Certaines plantes ont de très longues racines capables de puiser l'eau à grande profondeur (en Amérique du Nord, le mesquite va la chercher jusqu'à 30 m de la surface !). D'autres au contraire étalent leurs racines de façon à récupérer l'eau tombée sur des centaines de mètres carrés quand il pleut. Enfin, il en est qui emmagasinent de grandes quantités de liquide dans leurs tiges ou leurs organes souterrains (bulbes, racines). Les cactus américains en sont un excellent exemple : le plus grand, le saguaro ou cierge géant, qui peut mesurer 25 m de haut,

accumule des tonnes d'eau dans ses tiges verticales.
Certaines plantes ne poussent qu'aux périodes où il pleut et, le reste du temps, subsistent sous forme de graines. Dès que la pluie tombe, c'est une véritable explosion de verdure et de couleurs : au printemps, le désert Mohave resplendit de l'orange des pavots, du rose des trèfles et du jaune de plusieurs autres espèces.

Les animaux se cachent. Les déserts sont peuplés d'animaux très variés, insectes, araignées, scorpions, millepattes, mollusques, reptiles, amphibiens, oiseaux et mammifères, qui sont les plus remarquables par leurs dimensions ou leur genre de vie. Toutefois, le nombre des espèces est faible comparé à celui que l'on trouve dans les forêts ou les eaux douces des régions tempérées. On compte seulement 29 espèces d'oiseaux capables de vivre en permanence dans le Sahara, autant dans les déserts d'Amérique du Nord et 17 dans celui d'Australie. Certains oiseaux ne se reproduisent que s'il pleut, car l'eau favorise la croissance des plantes dont ils se nourrissent. Un engoulevent des déserts nord-américains évite les périodes les plus difficiles de l'hiver en tombant en léthargie durant plusieurs semaines. Certains petits mammifères font de même et vivent au ralenti au fond d'un terrier bien protégé. Cependant, la majorité des oiseaux et les grands mammifères restent actifs quelles que soient les circonstances, car ils possèdent des adaptations leur permettant de résister au manque d'eau. Ainsi, le chameau africain (dromadaire) peut perdre 25 à 30 pour 100 de l'eau présente dans son corps sans subir de graves dommages ; mais il lui faut compenser cette perte rapidement en buvant. Les petits mammifères économisent l'eau au maximum en rejetant une urine très concentrée, et certains peuvent se passer de boire. Grâce à des réactions chimiques qui se produisent dans leur organisme ils fabriquent de l'eau même en mangeant des aliments très secs ! Tous évitent les heures les plus chaudes en se mettant à l'abri mais quelques-uns ont, en plus, un système de refroidissement : ce sont leurs grandes oreilles qui jouent ce rôle de ventilateur ! A leur niveau, une grande quantité de la chaleur produite par le fonctionnement du corps se dissipe dans l'air. Le lièvre américain de Californie en est un exemple remarquable.

Semblables à des îlots perdus dans l'océan, les oasis sont de petits espaces verdoyants dus à la présence de sources ou de nappes d'eau permanentes. Des animaux (insectes et surtout des amphibiens) profitent de la végétation et de l'eau pour s'y établir. Des oiseaux migrateurs y font escale au cours de leurs voyages.

Le seul désert absolu, celui où aucun être vivant ne peut subsister est un désert froid, le centre du continent antarctique, la région la plus hostile du monde.

L'addax

Un an sans boire. Parfaitement adapté au désert, l'addax peut se passer d'eau pendant des mois et peut-être même jusqu'à un an ! Comparé à l'addax, le dromadaire fait figure d'un animal perpétuellement assoiffé. Car, sauf exceptions, il a besoin de boire toutes les semaines. La sobriété de l'addax s'explique aisément : il trouve en effet assez de liquide dans ses aliments et profite de la rosée matinale.
Cette grande antilope vit dans les régions les plus arides du Sahara, là où aucun autre grand mammifère ne pourrait subsister longtemps. Les étendues couvertes de cailloux (regs) et les dunes de sable (ergs) lui conviennent également. Mais elle parcourt de vastes régions pour rechercher sa nourriture ; un sens mystérieux de l'orientation la conduit vers les contrées où il vient de pleuvoir et où de petites plantes croissent rapidement. L'addax mène donc une vie de nomade. Il évite de bouger aux heures les plus chaudes de la journée et se déplace tôt le matin, le soir ou dans la première partie de la nuit.
Sur la liste rouge. Il y a cent cinquante ans, l'addax était répandu dans tout le Sahara, entre la côte atlantique et le Nil, mais, chassé sans répit, il disparut d'Égypte vers 1900. On le poursuivait à dos de chameau et à l'aide de chiens ; après l'avoir surpris, on le tuait à coups de lance. L'apparition des voitures accéléra son déclin : mitraillé stupidement, il se réfugia dans une partie du désert (El Djouf), comprise entre la Mauritanie et le Mali, soit environ cinq cent mille kilomètres carrés. En 1977, toutefois, le nombre des survivants était évalué à quelques milliers seulement, et l'espèce est au bord de l'extinction.

Longueur : 1,20 m (+ queue de 30 cm).
Hauteur au garrot : 95 cm à 1,15 m. Poids : 60 à 125 kg.

Ces addax vont changer de pâturage, car ils n'ont plus rien à brouter. Une femelle et son petit partent, bientôt suivis par les autres membres du troupeau. Parvenus à destination, tous profitent de la verdure fraîche. L'un d'eux, rassasié, s'est couché pour ruminer (c'est-à-dire mâcher l'herbe avalée précédemment). L'addax ne concurrence pas les animaux domestiques, puisqu'il vit en des lieux où ceux-ci ne pourraient subsister.

Les cornes du mâle mesurent de 60 à 109 cm ; celles des femelles ne dépassent pas 80 cm. Elles forment deux à trois spires et portent de trente à trente-cinq anneaux très serrés sur les deux tiers de leur longueur. La queue se termine en une touffe de poils plus courts que chez les oryx.

Après 260 jours de gestation environ, l'addax femelle met au monde un seul petit qui pèse de 5 à 7 kilos. Dans le sud du Sahara, les naissances ont lieu en septembre-octobre ou entre janvier et avril. Le jeune addax pourra se reproduire à son tour à 1 an et demi (femelle) ou à 3 ans (mâle).

Ce caracal, un cousin des lynx qui vit dans les régions chaudes de l'Afrique et de l'Asie, s'apprête à bondir sur un jeune addax qui ne l'a pas vu. Avec le léopard et le guépard, qui pénètrent au bord du désert, le caracal est le seul prédateur que l'addax ait à redouter en dehors de l'homme.

L'aigle des steppes

Une réputation usurpée. L'aigle ! Ce nom évoque généralement un puissant rapace des hautes montagnes, qui fond sur ses proies dans un vertigineux piqué. L'aigle des steppes, lui, ne ressemble guère au roi des oiseaux. Malgré son bec crochu et ses fortes griffes, il se contente de chasser de petits rongeurs, les sousliks, des animaux qui représentent jusqu'à 98,5 pour 100 et même 100 pour 100 de son régime alimentaire quand ils abondent. Parfois aussi, il profite des cadavres de gros mammifères, comme les saïgas. Un oiseau à l'aspect redoutable, donc. En réalité un chasseur de bestioles : outre les sousliks, ses plus grosses proies sont des hérissons, des levrauts, de jeunes outardes, des lézards, des serpents, sans oublier les criquets, qu'il ne dédaigne pas. De plus, il ne fond pas du haut des airs, mais préfère poursuivre ses victimes à pied ! A moins qu'il ne demeure à l'affût, perché sur un arbre ou sur une petite hauteur. Parfois, on le voit aussi décrire des cercles dans le ciel pour repérer une proie.

En septembre et en octobre, l'aigle des steppes survole les plaines désolées de l'Asie centrale en troupes de plusieurs dizaines ; il gagne le Pakistan ou l'Inde d'où il reviendra en mars ou avril, après l'hiver. Cette sociabilité, toute provisoire, le fait ressembler aux vautours qui se réunissent dès qu'un gros animal est mort. Comme eux, l'aigle des steppes tolère la présence de ses congénères autour d'un cadavre dont chacun essaie de profiter au maximum.

Un vaste domaine. L'aigle des steppes est répandu dans les déserts et steppes de trois continents : Asie, Afrique et Europe. En Asie, on le rencontre au Kazakhstan, et de là jusqu'en Mandchourie à travers la Mongolie. Selon les lieux et le climat local, il est sédentaire ou fait de grands voyages : à l'est de la mer Caspienne certains oiseaux du Kazakhstan se rendent en Afrique (Érythrée, Soudan et jusqu'au nord du Zaïre ou au Kenya), tandis que les sujets d'Asie orientale vont en Chine et en Birmanie.

Longueur : 70 cm. Poids : 2,7 à 4,8 kg.
Envergure : 1,85 m. Longévité : 41 ans en captivité.

Patient, cet aigle des steppes s'est posé à proximité d'un terrier occupé par des sousliks (petits rongeurs mesurant environ 20 cm et pesant 200 g). L'un d'eux sort prudemment la tête, puis s'aventure au-dehors. Mais l'oiseau, très rapide, s'est jeté sur lui et l'a saisi dans ses griffes. Le rapace suit le rythme d'activité de ses proies et ne les chasse que le matin et le soir, moments où elles déploient la plus grande activité.

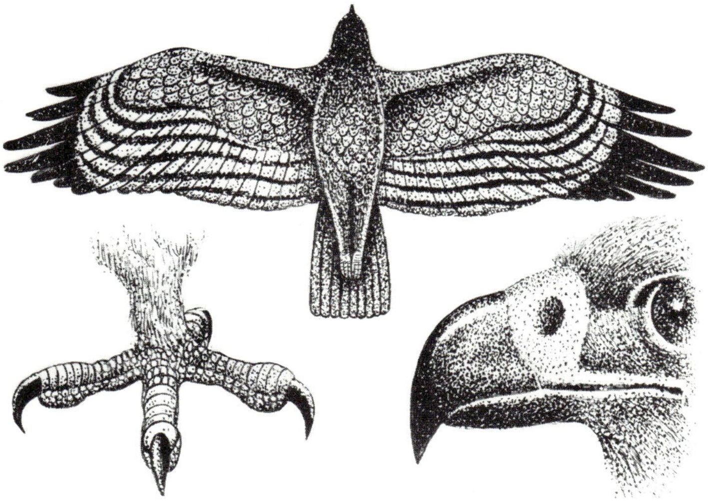

Les pattes sont pourvues de griffes acérées. Le bec mesure 4 cm de long ; à sa base, les narines s'ouvrent dans une peau nue, de couleur jaune, appelée « cire ». En vol, vu par-dessous, l'aigle des steppes est identifiable à l'absence de large barre foncée à l'extrémité de la queue ; il est plus petit que l'aigle royal.

Placé à terre sur une petite élévation de terrain, le nid est constitué par un amas de branchages garni de débris de peau et de quelques plumes. Construit en huit jours environ, il mesure de 70 cm à 1 m de diamètre. Les deux œufs sont couvés pendant 45 jours, et les aiglons s'envolent à l'âge de deux mois.

Un des parents vient de se poser sur l'aire, un lézard au bec. C'est le plus fort, l'aîné des aiglons, qui va manger. L'autre devra attendre son tour. Assez souvent, l'aîné empêche le cadet de se nourrir. S'affaiblissant peu à peu, ce dernier finit par mourir misérablement.

L'allactaga

Air conditionné. Trente-cinq millions d'hectares de terres arides. C'est la surface du Kara-Koum, l'une des plus grandes étendues de sable au monde. Un 17 avril, la température à la surface du sol était de + 59 °C. Mais, dans le terrier d'un allactaga, à 70 centimètres de l'entrée, on ne mesura que 28 °C ! Le 7 mai, à 4 h 30 du matin, il faisait seulement + 3 °C au-dehors ; dans son abri, le petit rongeur n'avait pas froid, car l'ambiance était à + 19 °C. L'allactaga réussit à subsister malgré la chaleur torride ou le froid glacial en se tenant au fond d'un terrier où l'air est à peu près conditionné. En effet, à 50 centimètres sous la surface du sol, il n'y a plus de variations importantes de température.

Dans la journée, l'animal, qui a bouché l'entrée de son logement avec un tampon de terre, se repose ; le soir, une demi-heure après le coucher du soleil, il quitte son refuge pour aller déterrer les racines et les tubercules des plantes du désert. Quand les graines sont mûres, il en consomme beaucoup. A l'occasion, il capture des insectes. Une heure avant le lever du soleil, l'allactaga rejoint son terrier et s'y cache à nouveau. En automne, comme les marmottes et les loirs, il tombe en léthargie et vit au ralenti jusqu'en mars ou avril. L'allactaga est, avec les mériones et les gerboises, l'un des nombreux petits rongeurs qui habitent les déserts d'Asie centrale. On le rencontre entre le sud de l'Ukraine et l'Altaï.

Record de longueur. L'allactaga n'a pas les plus longues oreilles ; en effet, on a découvert récemment, dans le désert de Gobi, un autre rongeur chez lequel elles mesurent exactement la moitié (4 cm) de la longueur du corps (8 cm) !

L'allactaga se déplace en bondissant sur ses pattes postérieures. Elles sont quatre fois plus longues que les antérieures, beaucoup plus faibles et utilisées seulement pour tenir les aliments (comme les écureuils) et creuser le terrier.

Longueur : 25 cm (+ queue de 30 cm).
Longueur de la partie des pattes postérieures appuyée sur le sol : 8 cm.

En bondissant, l'allactaga peut atteindre la vitesse de 40 à 50 km/h, mais sur de courtes distances seulement. Avant chaque saut, la queue ne joue aucun rôle pour donner de l'élan. Après, en revanche, elle sert de balancier, et l'animal la tient parallèle au sol. D'un seul bond, l'allactaga peut franchir jusqu'à 2 mètres. Les rats-kangourous des déserts américains et les gerboises africaines se déplacent exactement de la même façon.

Il y a cinq autres espèces d'allactagas dans les régions arides d'U.R.S.S. Leur très longue queue se termine par un pinceau de poils presque toujours blancs et noirs. Les grands yeux signifient que ces animaux sont en partie nocturnes et la longueur des oreilles est typique chez certains mammifères des déserts.

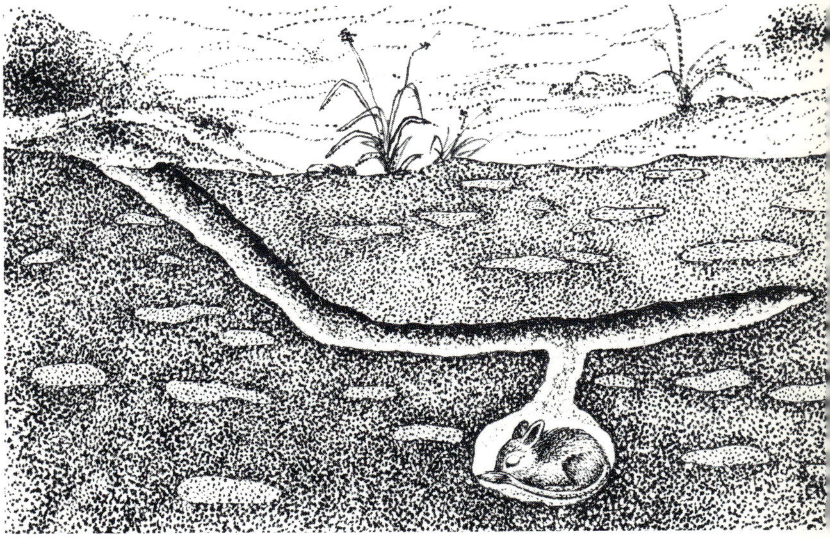

Cet allactaga s'apprête à hiberner. Quand il sera complètement endormi, sa tête sera tournée vers l'arrière et son museau enfoui sous le ventre. L'hibernation peut durer cinq mois dans les steppes voisines de la Volga. La reproduction commence peu après le réveil et le retour à la vie active.

Le hibou grand-duc, le plus gros des rapaces nocturnes, est l'un des prédateurs de l'allactaga. Cet oiseau, qui atteint 1,70 m d'envergure, vit jusque dans les déserts d'Asie centrale et capture surtout des rongeurs ; localement, l'allactaga représente 30 pour 100 de ses prises.

L'antilope saïga

Voyages en tous sens. Véritable nomade, l'antilope saïga est sans cesse en mouvement dans les steppes d'Asie centrale. En hiver, elle se déplace à la recherche des régions les moins enneigées ; l'été, elle gagne les endroits où l'herbe fraîche et les abreuvoirs ne manquent pas. Durant l'été de 1957, cent cinquante mille à deux cent mille saïgas qui traversaient les steppes du sud-est de la Russie occupaient une surface d'environ trois cents kilomètres carrés. En huit jours, cette horde parcourut seulement 250 km alors que, normalement, les saïgas franchissent de 60 à 120 km en vingt-quatre heures, marchant jour et nuit et se reposant à l'aube pour brouter. Rarement isolées, elles se tiennent en compagnie de quelques dizaines de congénères. En dehors de ses migrations régulières, la saïga se déplace beaucoup. Malgré sa silhouette trapue, elle peut atteindre, grâce à ses pattes fines et assez longues, la vitesse de 70 à 80 km à l'heure à la course ; elle préfère toujours les terrains plats, dépourvus d'obstacles.

Renaissance. Après avoir failli disparaître, victime d'une chasse intensive, la saïga est à nouveau une espèce prospère. Vers 1930, il n'y en avait plus que quelques centaines en U.R.S.S., peut-être un peu plus de mille. Mais, grâce à de sévères mesures de protection, ses effectifs augmentèrent et, en 1958, on en recensait environ deux millions, dont les trois quarts en Asie et le reste en Europe.
En Mongolie, la saïga vit dans les régions arides situées entre 900 et 1 600 m, là où la végétation se compose d'herbes et de plantes aimant les terrains salés. La saïga peut se passer de boire durant plusieurs jours et, en cas de nécessité, absorber de l'eau saumâtre. Outre les intempéries, elle a quelques ennemis : le loup, l'aigle royal, l'aigle des steppes et le grand corbeau s'en prennent aux nouveau-nés qu'ils peuvent facilement tuer.

Longueur : 1,08 à 1,45 m (+ queue de 8 à 10 cm). Hauteur au garrot : 68 à 73 cm. Poids : 30 à 43 kg. Longueur des cornes : 32 cm.

Poursuivies par une meute de loups, ces saïgas fuient à toute jambe. Mais l'une d'elles a été rejointe et va se faire abattre. Le loup est le plus grand prédateur de la saïga. Il s'attaque surtout aux jeunes, mais aussi aux mâles épuisés et aux femelles qui vont mettre leurs petits au monde. Au Kazakhstan (Asie centrale), les loups tuent localement jusqu'au cinquième des saïgas. L'hiver, ils s'en prennent aux antilopes gênées par la neige.

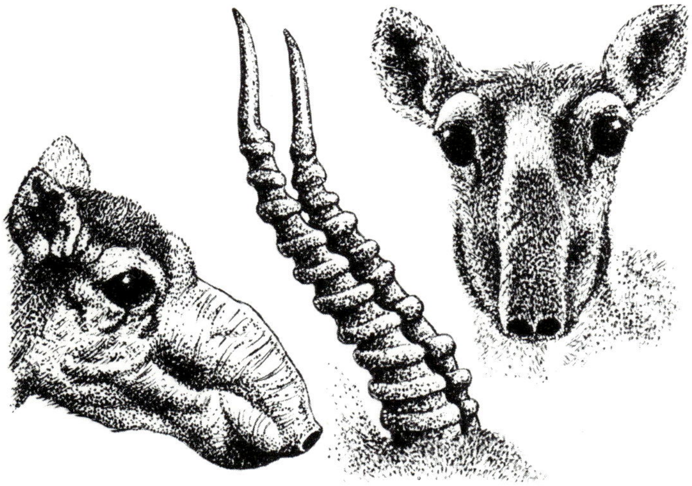

Unique en son genre, la saïga possède un museau très large et busqué. On admet qu'il s'agit d'une adaptation facilitant la respiration d'un air froid ou chargé de poussière. Les cornes n'existent que chez les mâles ; elles ont généralement 12 à 14 renflements, au maximum 18 à 20.

Les jeunes saïgas — une ou deux par portée — naissent en avril ou en mai. Les premiers jours, elles restent couchées, se levant seulement matin et soir pour téter. Puis, entre 4 et 8 jours, elles commencent à se nourrir d'herbe. A 10 jours, elles suivent leur mère qui les surveille attentivement.

La neige est tombée en abondance et il fait très froid. Les saïgas essayent de gagner une région où l'hiver sera moins rigoureux. Mais, déjà, plusieurs bêtes sont tombées, épuisées, car elles n'ont pas pu atteindre les zones herbues recouvertes de neige gelée où elles trouvent leur nourriture. En 1953, 80 000 saïgas sont mortes dans les steppes voisines de la Volga.

Le chameau à deux bosses

En reste-t-il encore ? En 1878, l'explorateur russe Przewalski observa des chameaux sauvages à l'est du lac Lob-Nor, dans le désert de Koumtag (nord-ouest de la Chine). Plus tard, d'autres voyageurs en virent dans le désert de Gobi. Puis on n'eut plus aucune nouvelle de ces animaux jusqu'en 1943, année où un naturaliste réussit à en photographier quelques-uns. Au cours d'une expédition entreprise en 1974 pour les retrouver, le même spécialiste estima que la région fréquentée par les chameaux à deux bosses couvrait environ 40 000 kilomètres carrés et n'avait pas beaucoup changé en trente ans. En 1970, le nombre des chameaux sauvages fut évaluée à 300 seulement ; aujourd'hui, on pense qu'il y en aurait près de 900 en Mongolie.

Solitaire, ou formant des petits groupes de quatre à six animaux, le chameau se déplace beaucoup, même s'il dispose d'une nourriture abondante ; on a constaté qu'il pouvait franchir 80 à 90 km par jour. A l'approche de l'hiver, il migre vers le sud et s'éloigne de 300 à 600 km des plaines où il a passé la belle saison. Quand il fait froid, il préfère se tenir en montagne où il trouve plus d'abris contre le vent.

Réserve de graisse. Contrairement à ce que certains ont pu penser, les deux bosses du chameau d'Asie ne sont pas remplies d'eau mais de graisse que l'animal utilise quand il ne trouve rien à manger. A la différence de son cousin d'Afrique, le dromadaire domestique, il souffre davantage de la chaleur ; toutefois, il résiste bien au froid grâce à son pelage très long (25 cm) sur la tête, le cou, les bosses et le haut des pattes. Sa nourriture consiste en feuilles de buissons, jeunes pousses de saxaoul (arbrisseau caractéristique des déserts d'Asie centrale) et toutes sortes de plantes herbacées qu'il broute. En automne, dans les oasis abandonnées, le chameau se régale de roseaux et de feuilles de peupliers.

Longueur : 3 m (+ queue de 50 cm). Hauteur au garrot : 1,80 à 2,10 m. Poids : 450 à 690 kg. Longévité maximale : 50 ans.

Ces chameaux au pâturage ne s'aperçoivent pas qu'une panthère les épie, cachée derrière un rocher. Seule une chamelle a repéré le félin ; craignant pour son petit, elle s'écarte brusquement et tout le troupeau l'imite sans tarder. Le chameau adulte n'a pas d'ennemis ; mais le chamelon peut être attaqué par un léopard ou par l'once (panthère des neiges). Toutefois, en raison des difficultés d'observation, il est impossible d'en être certain.

Les pattes du chameau, à l'extrémité très élargie, ne possèdent que deux doigts, le troisième et le quatrième. Les narines, en forme de fente, peuvent être fermées. Les yeux sont protégés du sable par de longs cils. Le chameau a un estomac à trois poches et rumine sa nourriture comme la vache.

Lorsqu'il naît, le chamelon a les yeux ouverts. Sa mère le surveille de près, frotte sa tête et son cou contre lui, mais ne le lèche pas. L'emplacement des bosses est déjà reconnaissable. Pendant un an environ, le petit chameau boit le lait de sa mère. A 3 ou 5 ans, il se reproduira à son tour.

Observation exceptionnelle ! Ces naturalistes ont rencontré un groupe de chameaux sauvages. Les renseignements les plus récents concernant ces animaux ont été obtenus par des spécialistes russes et mongols, mais les Chinois les auraient également observés près du lac Lob-Nor.

La chouette des terriers

Sentinelle du désert. Aux heures les plus chaudes, quand le thermomètre marque 50 °C à l'ombre, la chouette des terriers se tient à l'entrée de son logis souterrain, ou perchée sur un poteau, une ligne télégraphique au long d'une route, insensible au soleil brûlant. Été comme hiver, elle surveille les environs du terrier où elle passe toute l'année. Personne n'a prouvé qu'elle creuse elle-même la galerie où elle se repose et niche ; le plus souvent, il semble qu'elle se contente d'agrandir et d'améliorer un trou déjà existant. En tout cas, on peut la voir gratter la terre avec une patte tout en s'appuyant sur l'autre. Sa présence dépend de celle de mammifères fouisseurs, en particulier de plusieurs espèces d'écureuils terrestres et du chien de prairie, voisin des marmottes. Les chouettes et les hiboux sont en butte aux tracasseries des oiseaux diurnes et la chouette des terriers n'y échappe point : stournelles, merles et moqueurs viennent la houspiller, mais elle reste indifférente ou capture parfois un des audacieux.

Présente dans une grande partie des zones arides de l'Amérique du Nord, la chouette des terriers fait partie de ces rapaces nocturnes qui sont en fait à moitié diurnes, car elle voit fort bien le jour. Cependant, elle chasse surtout au crépuscule et préfère les paysages que l'homme n'a pas modifiés.

Un régime très varié. La chouette des terriers chasse ses proies en les poursuivant ou en faisant du vol sur place à une dizaine de mètres de haut. Ayant repéré un rongeur ou un oiseau, elle se jette sur lui et le dévore, puis s'éloigne à la recherche d'une autre victime. Outre de petits mammifères (rats, campagnols, levrauts), la chouette s'empare de crapauds, rainettes et insectes. A son tour, elle risque de se faire tuer par un serpent qui visite les terriers ou par une mouffette (sconse), ce carnivore célèbre pour l'odeur insupportable qu'il répand quand on l'inquiète.

Longueur : 18 à 26 cm. Poids : 125 à 210 g.

Dans la vallée Impériale, en Californie, il gèle en hiver et, en été, le thermomètre grimpe jusqu'à plus de 50 °C à l'ombre. Mais, dans son souterrain, la chouette des terriers est à l'abri des variations de température. Ici, la femelle pénètre dans la galerie, avance vers la chambre où se trouvent les œufs et se prépare à les couver. Le mâle reste au-dehors et surveille les environs. Le terrier s'enfonce jusqu'à 1 m de profondeur et la galerie atteint 3 m de long.

Les pattes de la chouette des terriers sont fort longues, car l'oiseau passe la majeure partie de son existence par terre. Comme chez tous les autres rapaces nocturnes, les yeux sont situés sur la face, mais cette position ne présente pas d'inconvénient, car l'animal peut tourner la tête en tous sens.

En Californie, les trois à six œufs sont pondus au mois de mai. Il semble que la femelle les couve seule pendant environ trois semaines. A l'éclosion, les jeunes ont les yeux fermés et sont vêtus de duvet blanc. Un mois après leur sortie à l'air libre, ils volent bien, mais ne deviennent indépendants qu'à l'automne.

Cette buse à queue rousse ne cherche point à capturer la chouette des terriers : elle survole le désert pour y trouver des rongeurs ou un lézard.

Cependant, ailes redressées, la chouette prend une attitude menaçante et crie. Peu après, elle se retirera dans son terrier ou s'envolera.

Le coureur de route

Un étrange coucou. Poursuivi par une voiture, un coureur de route réussit à maintenir une vitesse de 24 km/h pendant trois cents mètres. Après quoi, fatigué, il s'envola pour se reposer sur un palmier.

Très commun dans l'Arizona où il fréquente le désert, mais aussi les terres cultivées et les broussailles, le coureur de route est un cousin de notre coucou gris européen. Deux oiseaux fort différents toutefois ! Le coucou gris a des pattes courtes et faibles qui lui servent seulement à se poser sur les branches ; c'est un mangeur d'insectes, grand amateur de chenilles. A l'opposé, le robuste marcheur qu'est le coureur de route passe la majeure partie de sa vie à terre où il trouve sa nourriture : animaux de toutes sortes, scorpions, araignées, sauterelles et autres insectes, petits serpents, lézards, oisillons au nid et mammifères de taille réduite. Bref, un menu de rapace. La femelle du coucou gris mange assez souvent l'œuf qu'elle retire du nid où elle va pondre. Le coureur de route, lui, est bien plus carnivore : quand la famine le menace, il lui arrive d'avaler ses propres petits, surtout s'ils sont malingres. La survie de ces derniers est d'autant plus aléatoire qu'il y a souvent de grandes différences de taille entre eux, car le coureur de route ne couve pas de façon assidue. Les plus faibles risquent donc aussi d'être évincés par leurs aînés qui absorbent tous les aliments apportés par les adultes.

Une existence précaire. Le nombre de jeunes capables de s'envoler est assez faible. Mais le coureur de route reste commun parce que certains couples élèvent deux nichées par an : l'une entre avril et juin, l'autre en août et septembre. L'hiver est une période difficile pour l'oiseau, surtout s'il y a de la neige. Le coureur de route a alors du mal à trouver des aliments et on le voit se réfugier au pied des falaises où de petits animaux se sont eux-mêmes abrités. Il vit aux États-Unis et au Mexique.

Longueur : 55 cm.

Le coureur de route ne craint pas de s'attaquer aux petits serpents à sonnette, ou crotales, qui sont très venimeux (on ignore comment il résiste à leur poison). Après avoir repéré le reptile, il lui assène un violent coup de bec, le saisit entre ses mandibules et le lance en l'air avant de l'avaler la tête la première. Son estomac digère tout et, à l'opposé des hiboux et d'autres oiseaux, il ne rejette point par le bec les débris indigestes.

Avec sa huppe, les taches orange et bleues proches de ses yeux, le coureur de route est vraiment un étrange oiseau. Comme chez les pics, les autres coucous, les perroquets et perruches ainsi que les indicateurs et les toucans, deux de ses doigts sont tournés vers l'avant et les deux autres en arrière.

En général, le coureur de route place son nid dans un cactus entre 1,30 et 3 m de haut, ou bien dans un buisson. Il le construit avec des brindilles et en rembourre l'intérieur avec feuilles, racines, herbes et plumes. Les deux à sept œufs sont couvés pendant 17 ou 18 jours et les jeunes s'envolent à 19 jours.

Le coureur de route n'a guère d'ennemis. Cependant, le puma réussit à le surprendre. Parfois, une corneille emporte les jeunes ou les œufs, et il arrive que la buse à queue rousse attaque les adultes. L'homme est son pire adversaire, car il lui reproche de capturer des colins, oiseaux gibier.

Les criquets migrateurs

Des nuages vivants. Une des plus grosses troupes de criquets migrateurs jamais vue rassemblait près de trente-cinq milliards d'insectes, d'un poids total de 50 000 tonnes. Quand elle se posa, elle occupait une surface de 250 kilomètres carrés. Des branches de 7,5 cm de diamètre se sont rompues sous le poids des criquets entassés dessus ! Le plus souvent, ces nuages vivants couvrent de 5 à 12 kilomètres carrés, comptent de 700 millions à 2 milliards de bestioles (pesant 1 000 à 3 000 tonnes) qui dévorent complètement la végétation sur 500 à 1 200 hectares. En vol, les criquets atteignent la vitesse de 18 kilomètres à l'heure et peuvent franchir 30 à 50 kilomètres par jour en profitant du vent. Mais, avec leurs réserves de graisse, ils pourraient survoler 340 kilomètres de désert en 16 à 18 heures. Les criquets s'envolent quand la température est au moins égale à + 19 °C. S'il pleut au cours de leur voyage, ils se posent ; le refroidissement de l'air, dans la soirée, les incite également à descendre.

Il y a six mille ans, les Égyptiens connaissaient déjà le fléau des « sauterelles » qui, pendant des siècles, ravagèrent périodiquement de nombreuses régions, en Afrique et au Moyen-Orient. On compte plusieurs espèces de criquets migrateurs. L'un d'eux, le criquet grégaire, envahit l'Afrique occidentale, le Maghreb, le Moyen-Orient et l'Asie centrale jusqu'à l'Inde, mais aussi le sud de l'Europe.

Solitaire ou sociable. Au cours de leur croissance, les larves des criquets migrateurs se présentent sous deux formes, l'une solitaire et l'autre grégaire. Elles se distinguent non seulement par leur comportement mais aussi par leur coloration : les larves solitaires, jaunâtres, brunes ou vertes, vivent séparément. Sous l'influence de différents facteurs, elles se rassemblent, deviennent noires et jaunes et se déplacent en troupes, mais ne peuvent encore voler. Leur développement dure 30 à 40 jours. Après quoi les insectes se concentrent de plus en plus et, finalement, s'envolent. Les causes de leurs voyages restent mal connues.

Longueur : 3,5 à 6 cm. Poids : 1,5 à 3 g.

Un nuage de criquets migrateurs obscurcit le ciel. La foule des insectes s'est abattue sur la savane. Tous se mettent à ronger la végétation, herbes, buissons et arbres. Après avoir tout dévoré, ils repartent, laissant le désert derrière eux. Les dégâts causés par les criquets sont incalculables ; jusqu'au XIXe siècle, la destruction des récoltes entraîna des famines et la mort de plusieurs centaines de milliers d'hommes en Afrique du Nord.

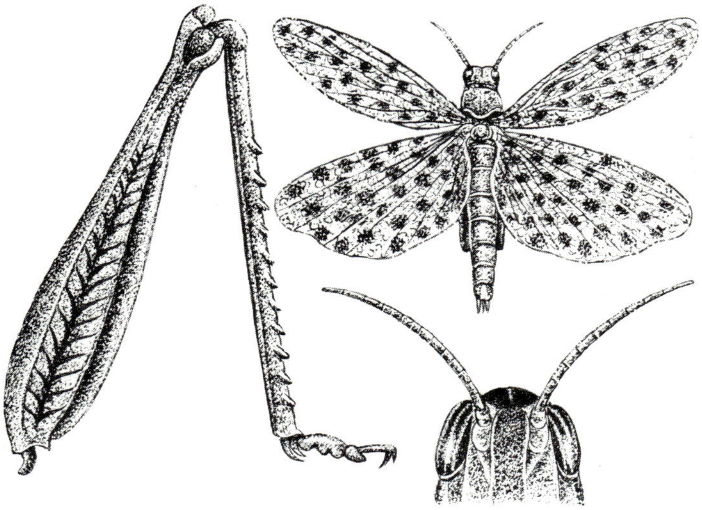

Les criquets se distinguent des sauterelles par leurs antennes beaucoup plus courtes (à droite). Comme elles, ils possèdent de puissantes pattes postérieures (à gauche) qui leur permettent d'effectuer de grands sauts. Au repos, les ailes antérieures (élytres) plus étroites, recouvrent les ailes postérieures.

La femelle de criquet pond ses œufs dans la terre. Selon l'espèce, elle en dépose de 30 à 100. En haut à droite, larve de criquet. Les larves ont le même aspect que les insectes adultes mais sont plus petites et grandissent progressivement. Les métamorphoses sont donc incomplètes.

Pour prévenir les dégâts des criquets dans les champs, une organisation de lutte antiacridienne a été créée (acridien est le nom scientifique donné à ces insectes). Dans les régions où les criquets se reproduisent et se rassemblent, des avions pulvérisent des insecticides qui les tuent en masse.

Le faucon lanier

Souvent bredouille. Les rapaces ne sont pas les chasseurs infaillibles que l'on imagine trop souvent. Certains paraissent même avoir du mal à s'emparer d'une proie. Ainsi, il arrive que le faucon lanier attaque vingt fois de suite un oiseau sans réussir à le capturer et il est alors si fatigué que la victime parvient à s'échapper ! S'il poursuit des oiseaux assez gros et rapides comme les tourterelles, il vaut mieux qu'il soit secondé par sa compagne, sinon il risque d'échouer une nouvelle fois. Très souvent, en effet, les deux membres du couple chassent ensemble ; la femelle effraie la proie en la surprenant après l'avoir approchée sans se faire voir. Puis, le mâle intervient. Le faucon lanier se nourrit d'oiseaux de toutes dimensions. Les petits sont dévorés entièrement. Quant aux huppes, pigeons, cailles et bergeronnettes, le faucon les prend au vol pendant leur voyage en direction de l'Europe au printemps, ou de l'Afrique tropicale en automne. En dehors de ces périodes de migration où il dispose d'un grand choix, le faucon lanier du Sahara chasse aussi des rongeurs, de gros insectes et même des lézards qu'il n'hésite pas à poursuivre à pied sur une distance atteignant parfois une vingtaine de mètres.

Un air de famille. Souvent plus petit que le faucon pèlerin, le faucon lanier s'en distingue également par ses ailes moins pointues, sa queue plus longue et la coloration roussâtre du dessus de la tête. En outre, la face inférieure du corps ne porte pas de barres horizontales, mais des taches disposées dans le sens vertical. Le lanier présente donc un air de famille avec son cousin, ainsi qu'avec le faucon sacre, une autre espèce des régions désertiques. Le lanier habite une grande partie de l'Afrique, y compris le Sahara, l'Arabie, l'Asie Mineure et en Europe, le sud de l'Italie, la Yougoslavie, la Grèce et une partie de la Bulgarie.

Longueur : 46 cm. Poids : 600 à 900 g.
Envergure : 1,05 m. Longévité en captivité : 17 ans.

Ce faucon lanier a surpris un pigeon biset, qui niche dans les falaises. Après une brève poursuite, il a réussi à le frapper avec ses serres. L'ayant tué, il se pose, commence à le plumer sommairement avant d'entamer la chair.

Le choucas, un petit corbeau, est une autre proie fréquente au Moyen-Orient. Le faucon lanier tue aussi le faucon crécerellette, un petit rapace mangeur d'insectes, répandu dans le sud de l'Europe et au Moyen-Orient.

Comme les autres grands faucons, le lanier a des narines en forme de bouton-pression, car une petite protubérance se dresse au centre de l'ouverture. La mandibule supérieure possède un crochet qui se loge dans une échancrure de la moitié inférieure. En vol, le lanier est un peu moins agile que le faucon pèlerin.

Le faucon lanier pond deux à quatre œufs constellés de petites taches brunes. Ils sont couvés par le mâle et la femelle pendant 32 à 35 jours. Couverts d'un duvet blanc, qui devient gris ensuite, les jeunes s'envolent 45 jours après l'éclosion et s'émancipent 4 à 6 semaines après.

Ce faucon lanier va s'emparer d'un lézard, l'acanthodactyle, qui vit dans le nord-ouest de l'Afrique, au bord du Sahara. Localement, le faucon se nourrit presque exclusivement d'autres lézards : les fouette-queue, ou lézards des palmiers, répandus sur les plateaux rocheux (hamadas) ou sur les collines.

Le fennec

Un renard de poche. De moitié moins long que le renard roux de nos forêts, le fennec est sept à huit fois plus léger, même à l'âge adulte ! La fourrure moelleuse de ce véritable renard de poche, ses grands yeux et surtout ses gigantesques oreilles lui donnent une apparence sympathique et l'on pourrait croire qu'il est très doux. En réalité, c'est un véritable carnivore, parfois assez agressif, qui chasse des rongeurs, oiseaux, lézards et insectes, en particulier les criquets. Il défend sa nourriture contre ses congénères en prenant une attitude de menace, le dos voûté. Les jeux de société auxquels il se livre, les poursuites et les chamailleries dégénèrent parfois en véritables batailles.

Rarement observé dans son milieu naturel car il est nocturne, le fennec a surtout été étudié en captivité. Il passe le jour dans le terrier qu'il a creusé au centre de son territoire, un espace défendu contre ses voisins qui ne peuvent pas y pénétrer. Le fennec fréquente les terrains sablonneux du Sahara, de la Libye, de la péninsule du Sinaï et du désert d'Arabie jusqu'au Koweit.

Croissance rapide. Le fennec se reproduit entre janvier et mars. Chaque année la femelle met au monde une seule portée de renardeaux qui se développent très vite : leurs yeux s'ouvrent entre douze et vingt jours ; ils prennent pour la première fois de la viande à l'âge de trois semaines, mais c'est seulement à deux mois qu'ils cessent complètement de téter. Pesant 40 ou 45 g à la naissance, ils atteignent 100 g à quinze jours et 200 g à un mois. Bien que plus légers, ils ressemblent aux adultes à quatre ou cinq mois. Le fennec vit par couple et en famille où l'on compte jusqu'à une dizaine d'individus. Il semble pouvoir se passer d'eau, trouvant le liquide qui lui est indispensable dans le corps de ses proies. S'il ne peut consommer toute la nourriture disponible, il en cache les restes dans le sol.

Longueur : 40 cm (+ queue 20 cm). Hauteur à l'épaule : 20 cm. Poids : 1 kg.

Très agile parce que fort léger, le fennec capture des proies plus ou moins rapides. A gauche, il s'est emparé d'un lézard, l'ophisops, répandu dans le nord de l'Afrique. Après l'avoir croqué il essaie de capturer une gerboise, un petit rongeur capable d'effectuer des bonds étonnants grâce à ses pattes postérieures très développées. Mais il la manque et devra faire une nouvelle tentative.

Le terrier du fennec comporte plusieurs galeries et une chambre tapissée de plantes servant de litière. A un mètre de profondeur l'air est toujours frais dans ce logis. En effet, celui-ci met l'animal à l'abri des variations de température aussi bien en été que l'hiver.

La maman fennec examine le gros insecte que ses petits ont découvert. Ils sont nés après une gestation de 49 à 52 jours. Au nombre de deux à cinq, ils restent avec leurs parents. Leur queue et leurs oreilles, très courtes à la naissance, grandissent beaucoup à partir de l'âge de trois semaines.

Cousin du fennec, l'otocyon vit dans les savanes et les steppes du sud-ouest et du nord-est de l'Afrique. Ses très grandes oreilles mesurent environ 10 cm de long. Lui aussi se nourrit de toutes sortes de petits animaux, scorpions, insectes, lézards, rongeurs, oiseaux. Il y ajoute des fruits et des racines.

Le ganga couronné

Transport d'eau. Le mâle du ganga couronné vient de se désaltérer dans une mare ; il parcourt une dizaine de kilomètres et atterrit près de ses petits qui l'attendent dans le désert. Les oisillons, qui ne savent pas encore voler, se précipitent au-devant de lui et passent les plumes de son ventre dans leur bec comme pour les lisser ! En quelques instants, ils sucent les 10 à 18 grammes d'eau que le ganga a transportés au-dessus des sables et des roches brûlés par le soleil. Grâce à de nombreux appendices en forme de fils situés sur leurs éléments les plus fins, les plumes du ganga couronné retiennent davantage d'eau que celles des autres oiseaux. Seules les plumes du milieu du ventre présentent cette structure (sauf exception, les femelles n'en ont point ou très peu).

Chaque matin, le ganga fait donc sa provision d'eau pour la journée. Comme ses congénères l'imitent, ce sont des dizaines d'oiseaux qui se retrouvent autour d'une mare, située parfois à de très longues distances. Après avoir bu, ils marchent dans l'eau et humectent leurs plumes pendant cinq minutes au maximum. Puis, ils repartent avec un chargement d'environ 25 grammes dont une partie s'évaporera.

Étranges cousins. Les quatorze espèces de gangas vivent dans les déserts africains et asiatiques (un seul niche aussi en Espagne et en Crau, dans le sud de la France). Le ganga couronné se nourrit de graines et absorbe des graviers qui contribuent à émietter ses aliments dans l'estomac. Il niche dans le désert absolu où la température atteint 73 °C sur les plateaux pierreux et 49 °C à l'ombre. Deux ou trois œufs beige rosé, tachés de gris et de brun, sont pondus dans un petit creux. Mâle et femelle les couvent pendant environ 27 jours ; à l'éclosion, les petits, couverts de duvet, quittent leur nid.

Les gangas ressemblent un peu à des pigeons ; mais actuellement les spécialistes pensent qu'ils sont cousins des mouettes et goélands.

Longueur : 27 cm. Poids : environ 160 g.

Les petits gangas attendent patiemment que leurs parents viennent les nourrir et leur donner à boire. Au bord de la mare, c'est un va-et-vient continu, le matin, quand les adultes se désaltèrent. L'un d'eux est entré dans l'eau pour mouiller ses plumes, tandis que d'autres repartent vers l'endroit où ils nichent. De retour, le mâle abreuve ses jeunes. Outre le liquide retenu par ses plumes, un ganga peut transporter 30 grammes d'eau dans son jabot.

Les gangas ont un petit bec court, comme celui des perdrix. En vol, leur silhouette ressemble à celle des pigeons. Des ailes effilées leur permettent de se déplacer à 60 km/h environ. Leurs pattes très courtes se terminent par des doigts, partiellement réunis par une palmure chez certains.

Un faucon lanier chasse un ganga couronné. D'autres rapaces, tel le faucon sacre, espèce d'Europe centrale, qui vient passer l'hiver dans le nord-est de l'Afrique et au Moyen-Orient, le capturent également. Le faucon de Barbarie, plus petit, présent dans le Nord-Ouest africain, l'attaque souvent.

A gauche : couple de gangas de Lichtenstein, que l'on rencontre au Sahara et dans le sud-est de l'Iran (femelle à gauche, mâle à droite). A droite : couple de gangas du Sénégal, répandu au Sahara, en Irak, en Iran, et de là jusqu'au Pakistan (femelle en haut, mâle en bas).

L'hémione

Un coureur de fond. L'hémione, ou koulan, âne sauvage d'Asie, peut galoper à la vitesse de 60 à 70 km/h sur une distance de 10 kilomètres. A une allure plus réduite (40 ou 50 km/h), elle est à peu près infatigable et capable de résister aux cavaliers lancés à sa poursuite pendant une journée entière ! Autant dire qu'il est presque impossible de le rattraper, sauf en voiture. Seule la neige gêne ses mouvements ; encore faut-il qu'elle ait environ 30 centimètres d'épaisseur. De plus, l'hémione se laisse très difficilement approcher, dans les déserts du Turkestan méridional et de Mongolie. Il lui arrive pourtant de paître à proximité des troupeaux de chevaux et de moutons domestiques. En été, l'hémione forme de petits groupes comprenant un étalon, quelques femelles et des jeunes ayant un ou deux ans ; soit au total huit à quinze animaux. Quand vient l'automne, plusieurs de ces bandes familiales s'associent et l'on compte jusqu'à une centaine d'animaux dans ces rassemblements.

L'hémione habite les plaines désertiques où la végétation se compose d'herbes et d'armoises. Elle ne peut se passer d'eau, sauf en hiver — où elle avale de la neige — et au printemps où les plantes sont gorgées de sève. Aussi, l'été, sa présence dépend de celle des abreuvoirs dont elle ne s'éloigne pas à plus de 10 ou 15 kilomètres. Autrefois, en Mongolie, l'hémione effectuait de véritables migrations pour éviter les régions où la neige était trop épaisse ou l'herbe trop rare.

Les concurrents. Comme d'autres grands mammifères sauvages, l'hémione n'a pas résisté à l'envahissement des zones désertiques par l'homme : chassée de façon abusive, elle a progressivement disparu du sud de la Russie, et ne subsiste plus que sur quelques milliers de kilomètres carrés au Turkestan.

Longueur : 2 m à 2,20 m (+ queue de 60 à 99 cm).
Hauteur au garrot : 1,10 à 1,37 m. Poids : 160 à 260 kg.
Longévité : au moins 10-12 ans.

La période de reproduction de l'hémione commence en juillet-août au Turkestan, un peu plus tard en Mongolie. Les mâles défendent leur harem : si un étalon étranger s'en approche, aussitôt la bataille éclate. A gauche, l'un des deux rivaux essaie de mordre son adversaire qui réagit en lui décochant une ruade (au centre). Finalement celui qui est en position d'infériorité (à droite) détale, poursuivi par le vainqueur, qui reste le maître.

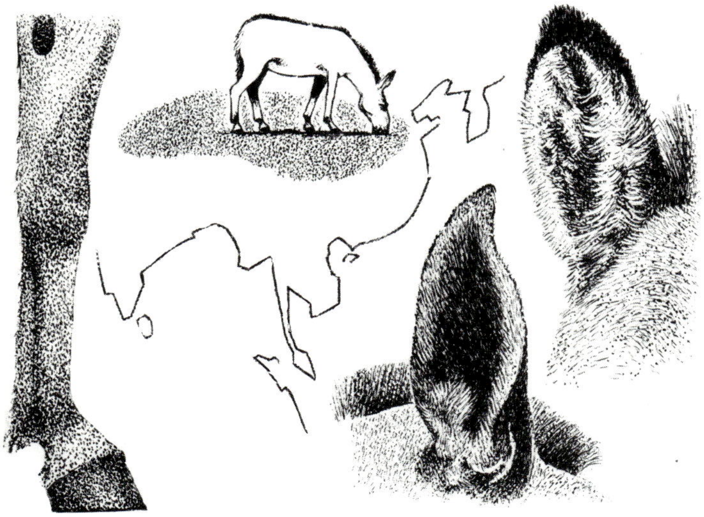

Les pattes de l'hémione se terminent par un seul sabot, comme celles du cheval et des autres ânes. L'oreille (à droite) est beaucoup plus velue que celle du cheval (à gauche). En haut des pattes antérieures, on voit la châtaigne, une plaque cornée qui manque chez les membres postérieurs. Au milieu, aire de répartition géographique de l'hémione en Asie.

Les jeunes hémiones naissent en mai ou en juin, après une gestation de 11 mois. Au bout de quelques heures, elles peuvent déjà courir ; mais elles se fatiguent vite et restent couchées dans l'herbe. A 10 ou 15 jours, elles suivent le troupeau quand il s'enfuit ; à 1 mois elles se nourrissent surtout d'herbes.

Des loups viennent d'attaquer ces trois hémiones qui réussiront à leur échapper, car elles sont beaucoup plus rapides. Les femelles défendent efficacement les ânons. C'est surtout en hiver que les loups réussissent à tuer les jeunes, affaiblis par la faim et le froid.

Le lézard à collerette

Effet de surprise. Excité, dérangé ou irrité, le lézard à collerette déplie l'étrange parapluie qui entoure son cou. En même temps, il ouvre la gueule. Étonnés par ce mouvement et l'attitude impressionnante du reptile, la plupart des agresseurs s'arrêtent ou reculent, laissant le lézard en paix. Mais gare à l'imprudent qui ne s'est pas laissé intimider par ce comportement et qui insiste; il risque de se faire mordre ou de recevoir un coup de queue bien douloureux, car l'appendice est recouvert d'écailles aiguës ! En général, chiens et serpents s'éloignent ; certains, toutefois, attaquent, parce qu'ils sont habitués aux menaces du lézard et se sont rendu compte qu'elles n'étaient pas dangereuses.

Le lézard à collerette vit dans les régions arides du nord de l'Australie ; on l'a également observé dans les savanes de Nouvelle-Guinée. Il passe une grande partie de son existence dans les arbres, mais descend fréquemment à terre où il trouve une partie de sa nourriture. Il appartient à la grande famille des agames, lézards répandus en Europe, Asie, Afrique et dans la région australienne. Le nom scientifique du lézard à collerette *(Chlamydosaurus)* signifie « lézard à manteau » et évoque le principal caractère distinctif de l'animal.

Un petit dinosaure ? Poursuivi quand il se trouve à terre, le lézard à collerette court à toute vitesse sur ses pattes postérieures ! A vive allure, il redresse le corps à la verticale, sa queue jouant le rôle de balancier. Certaines reconstitutions de petits dinosaures (reptiles préhistoriques disparus depuis des millions d'années) ont été inspirées par cette façon de se déplacer, plutôt insolite de la part d'un lézard. Le lézard à collerette se nourrit d'insectes qu'il chasse tantôt dans les branches, tantôt dans la végétation rase. Il s'agit souvent de fourmis, de coléoptères, mais il prend aussi des petits mammifères et des reptiles.

Longueur maximale : 70 cm.

Le dingo est un chien sauvage qui vit en Australie depuis environ dix mille ans. A gauche, un dingo s'approche d'un lézard à collerette descendu à terre pour chasser des insectes. Devant ce gros animal, le petit lézard n'hésite pas : il déploie brusquement sa collerette. Surpris, le dingo s'écarte au moment où il allait mordre. Une fois de plus, le bluff a réussi et le lézard peut s'éloigner sain et sauf malgré sa faible taille.

Pour se défendre, le lézard à collerette utilise parfois sa queue, recouverte d'écailles rugueuses jusqu'à son extrémité. Ses pattes ont 5 doigts, comme chez tous les membres de la famille (300 espèces) dont il fait partie, et presque tous les reptiles du groupe des lézards (3 000 espèces).

Ce lézard vient de capturer un insecte. Sa collerette repliée est relativement peu visible, car elle est appliquée contre le dos. Quand il la redresse, elle est presque perpendiculaire au corps et l'on remarque les taches roses, noires, orangées, brunes ou bleues qui en parsèment la surface.

Est-ce un compsognathus, petit dinosaure qui vivait il y a des millions d'années à l'emplacement de l'actuelle Europe ? Non, il s'agit bel et bien d'un lézard à collerette en pleine course. La ressemblance n'a, au fond, rien d'étonnant, puisque les deux animaux sont tous deux des reptiles...

La marmotte bobak

L'appartement souterrain. Quinze à vingt mètres de long, vingt centimètres de diamètre : telles sont les dimensions courantes des galeries qui conduisent jusqu'au nid de la marmotte bobak. Ce repaire se situe entre 2,50 et 3 m de profondeur. Il ressemble à une chambre mesurant 1 mètre sur 50 centimètres, garnie d'une litière plus ou moins épaisse. Lorsqu'il creuse cet appartement souterrain, le gros rongeur rejette une masse de déblais qui s'accumulent sur 20 à 25 mètres autour de l'entrée, à une hauteur atteignant 50 centimètres. Alentour, quatre à dix petits tunnels servent de refuge en cas de danger. Cependant, ces galeries ne communiquent jamais avec le terrier principal qui abrite toute une famille. Très propre, la marmotte bobak ne salit pas son intérieur avec les résidus de sa digestion : elle les dépose dans de petits creux ménagés au milieu des déblais.

Actives tôt le matin, les marmottes bobak rentrent sous terre vers dix ou onze heures et ne ressortent qu'au moment où le soleil se couche. Lorsque le ciel est couvert et que le vent souffle fort, elles sortent toute la journée, mais pour peu de temps chaque fois. Enfin, si la pluie tombe dru, elles ne quittent pas leur abri.

Une marmotte de plaine. La plupart des marmottes habitent les montagnes d'Europe, d'Asie et d'Amérique. La marmotte bobak, et quelques autres espèces, fréquentent les steppes du sud de la Russie et de l'Asie centrale. Elle n'est plus aussi abondante qu'autrefois, car la mise en culture et l'irrigation de grandes étendues arides ont transformé le paysage où elle vivait. Si des mesures de protection ne sont pas prises, on peut craindre que l'espèce disparaisse. La marmotte bobak se nourrit de plusieurs dizaines d'espèces de plantes, mais évite soigneusement celles qui sont piquantes ou toxiques. Son estomac contient parfois plus d'un kilo d'aliments.

Longueur : 58 cm (+ queue de 14,5 cm).
Poids : 4 à 5 kg.

L'hiver approche. Cette marmotte est en train de changer la litière qui se trouve au fond de son terrier, avant de s'y installer pour dormir pendant 5 à 7 mois. Elle accumule les herbes, puis les porte sous terre. Dehors, il fait froid et le vent souffle. Cependant, bien à l'abri, les marmottes dorment, serrées les unes contre les autres. Placé de l'intérieur, le bouchon de terre qui ferme l'entrée de leur terrier atteint parfois 1,50 m d'épaisseur.

La marmotte bobak (à gauche) est un rongeur : ses incisives extrêmement développées sont séparées des molaires par un espace sans dents. Actuellement, sa répartition se limite à une partie des steppes du sud-est de la Russie et des steppes du Kazakhstan, en Asie centrale. A droite, marmotte des Alpes.

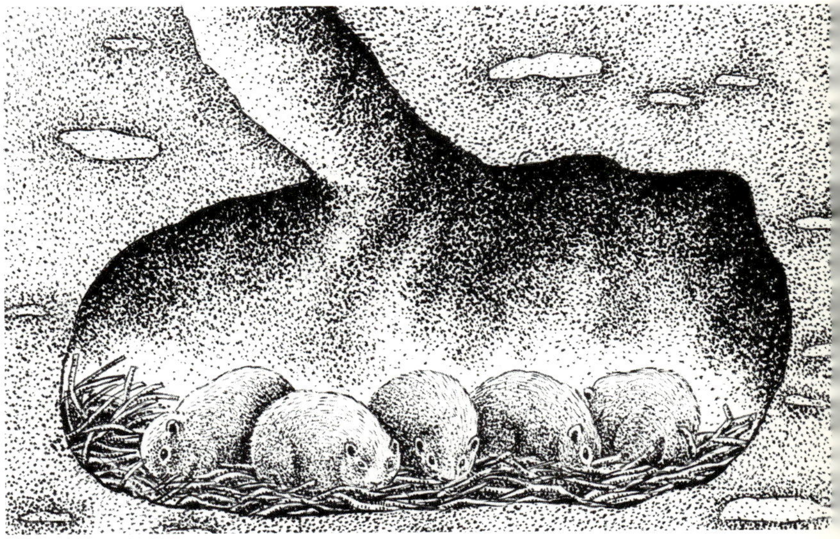

Les accouplements ont lieu au printemps, peu après le réveil et le retour à la surface. Les quatre ou cinq jeunes qui naissent dans chaque terrier commencent à sortir en mai ou au début de juin. Ils grandissent rapidement et, au moment d'entrer en léthargie à l'automne, pèsent déjà 1,6 kg.

Plusieurs marmottes se déplacent. D'autres examinent attentivement les environs de la colonie, à l'affût du moindre mouvement suspect. Même pendant ses repas, la marmotte bobak se redresse de temps à autre pour voir si aucun danger ne la menace, puis reprend son occupation.

L'oryx

Un marcheur infatigable. Suivi à distance par des voitures tout terrain, un oryx d'Arabie parcourut 103 kilomètres en 18 heures dans le désert ! S'il résiste bien à la fatigue, l'oryx ne saurait se passer d'eau. Il la trouve en partie dans les racines et les tubercules juteux qu'il sait déterrer. Il lui faut également des herbes ou des buissons dont il mange les feuilles.

Localement, l'oryx vit dans le désert ; ailleurs, on le rencontre dans les savanes en compagnie de gazelles, de buffles et de zèbres. Les oryx des régions les plus sèches, ceux d'Arabie par exemple, ont un pelage très clair, presque blanc sur le dos ; toutefois, chez l'oryx algazelle du Sahara, ou oryx blanc, le cou et la poitrine sont roussâtres. Cette coloration a-t-elle un avantage, en dehors de celui de confondre l'animal avec la teinte du paysage environnant ? Des observations faites au Moyen-Orient ont montré qu'un pelage clair absorbe moins de rayons solaires (40 pour 100) qu'une fourrure foncée (80 pour 100) ; de plus, il réduit l'évaporation d'eau nécessaire pour compenser l'élévation de température du corps.

Un ou trois ? Pendant longtemps, on a distingué trois espèces d'oryx : celui d'Arabie, l'oryx algazelle du Sahara et l'oryx beisa, ou gemsbok, répandu dans l'est de l'Afrique, en Tanzanie, en Éthiopie et dans le sud-ouest africain. Des différences de coloration existent entre ces trois animaux ; l'un d'eux, le gemsbok, comporte plusieurs races qui se différencient par l'étendue des dessins noirs de la tête, la forme des cornes et celle des oreilles. Aujourd'hui, toutefois, certains spécialistes pensent qu'il n'y a qu'une seule espèce d'oryx dont l'aspect varie selon le paysage.

Traqué sans relâche par les chasseurs, l'oryx d'Arabie a bien failli disparaître à jamais. Depuis une vingtaine d'années, les mesures de protection se sont multipliées et ont permis de sauver l'espèce.

Longueur : 1,60 à 2,30 m (+ queue de 45 à 90 cm).
Hauteur au garrot : 90 cm à 1,40 m. Poids : 55 à 225 kg.
Longévité en captivité : 22 ans.

Ces oryx broutent paisiblement. Ils n'ont pas remarqué la panthère qui s'approche d'eux en se dissimulant derrière des buissons. Soudain, le félin se jette sur l'une des antilopes et la terrasse en la mordant à la gorge. Dans quelques instants l'oryx sera mort. Mais le prédateur ne l'emporte pas toujours, car l'oryx peut le transpercer avec ses cornes pointues, de véritables lances longues de 50 cm à 1,25 m. Le lion et les lycaons sont d'autres ennemis naturels de l'oryx.

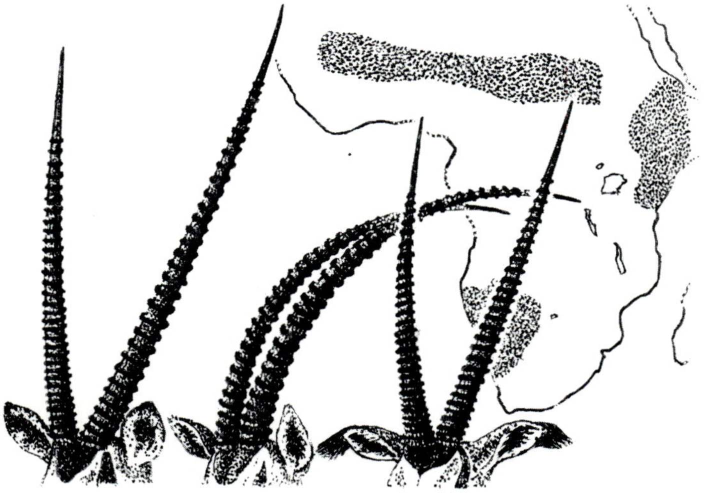

De gauche à droite : cornes de l'oryx gazelle, ou gemsbok, du sud-ouest de l'Afrique, de l'oryx algazelle du Sahara et de l'oryx à oreilles frangées, qui vit en Tanzanie et au Kenya. Le premier et le dernier feraient partie de la même espèce, le deuxième d'une espèce différente. La carte montre l'aire de répartition de ces animaux en Afrique.

Un seul jeune oryx naît après une gestation de 8 mois et demi à 9 mois (les jumeaux sont rares). Il pèse alors 9 ou 10 kilos et ses cornes mesurent déjà 1,50 cm. Le guépard, le caracal, le serval et les hyènes essaient de capturer les jeunes oryx, mais leurs mères les défendent et réussissent à écarter les carnivores.

Les différentes races (ou espèces) d'oryx : à gauche, l'oryx d'Arabie, le plus rare, et l'oryx algazelle, reconnaissable à ses cornes recourbées ; à droite, les trois oryx appelés gemsbok : le beisa, l'oryx à oreilles frangées et l'oryx gazelle qui possède une tache noire sur la croupe.

Le puma

Le plus grand des petits. Les plus petits pumas (ou cougars), ceux d'Amérique centrale, ne pèsent pas plus de 35 kilos, alors que ceux du Canada ou des États-Unis en atteignent 117 ! La coloration varie elle aussi selon les lieux, puisque la plupart des pumas sont brun clair ; on en rencontre également des fauve pâle et d'autres qui sont presque noirs. Ces très grandes différences de taille et de coloration sont déterminées par le climat : les plus gros pumas vivent dans les régions froides, les plus petits sous les tropiques. Sur trente-cinq espèces de félins sauvages, seules quelques-uns rugissent ; ce sont les grands félins : lion, tigre, léopard, jaguar et once. Tous les autres, par exemple les lynx, ronronnent et le puma est le plus grand de ces « petits chats ».

D'un bout à l'autre de l'Amérique, le puma est présent dans tous les paysages. Il est plus rare dans les forêts tropicales, mais on le rencontre du Canada à la Patagonie et en particulier dans les déserts de l'Arizona et des États voisins.

Le lion des montagnes. La fourrure du puma, assez courte, et sa silhouette le font ressembler à une lionne. En outre, on lui a fait une réputation de férocité ; aussi l'appelle-t-on fréquemment « lion des montagnes ». Depuis le XVIIe siècle, on le pourchasse sans relâche; et si, autrefois, il était répandu du Pacifique à l'Atlantique, il est devenu aujourd'hui bien plus rare. Pourtant, comme tous les carnivores, il joue un rôle indispensable dans la nature. Ce qui est arrivé au parc du Yellowstone, aux États-Unis, l'a bien montré : au début du XXe siècle, 40 pumas environ vivaient dans cette réserve ; mais, pour favoriser les élans, on décida d'exterminer les félins. Le résultat ne se fit pas attendre : les élans devinrent de plus en plus nombreux et ils détruisirent une partie de la végétation. On fut alors obligé d'en tuer ou d'en transporter ailleurs pour rétablir l'équilibre !

Longueur maximale : 1,50 m (+ queue de 90 cm).
Longévité : environ 15 ans.

Dans le désert américain, le puma sait se contenter de petites proies. Des tourterelles de la Caroline se sont posées au bord d'une mare pour se désaltérer. Tout occupées à boire, elles ne voient pas le puma qui les approche par-derrière. Le félin a bondi. Les oiseaux tentent désespérément de lui échapper ; mais c'est trop tard pour l'un d'eux. Le puma repère ses proies à l'odeur ou grâce à sa vue, puis essaie de les surprendre.

Semblables à ceux de tous les autres félins, sauf le guépard, les doigts du puma possèdent des griffes rétractiles. Les incisives (dents situées devant et au centre des mâchoires) sont toutes petites ; mais les canines constituent des crocs redoutables avec lesquels le puma maintient sa proie et la tue.

Cette femelle de puma fait comme notre chat domestique : elle lèche soigneusement la fourrure tachetée de ses deux petits. Sevrés à l'âge de 2 mois et demi, les jeunes restent avec leur mère au moins 1 an, le temps d'apprendre les meilleures façons de chasser. A 2 ans, ils pourront se reproduire.

Il arrive que le puma s'attaque à un cheval et réussisse à le tuer. On a en effet constaté qu'un félin de 70 kilos avait abattu une vache de 270 kilos et l'avait traînée sur une petite distance. Pour manger, il ne maintient pas sa nourriture avec les pattes antérieures, contrairement aux grands félins.

Le républicain

Un hôtel pour oiseaux. Dans le désert du Kalahari, certains nids collectifs du républicain atteignent 6 m de long, 4 m de large, 2 m d'épaisseur et pèsent plus de 1 tonne ! Ce sont de véritables hôtels construits et habités par plusieurs dizaines de ces petits passereaux : l'un d'eux comptait 70 chambres occupées ; une année passa et le nombre des logements s'accrut de 9 ; presque tous étaient retenus ! Contrairement aux autres passereaux qui nichent par couples séparés, le républicain est un oiseau extrêmement sociable. A l'époque de la reproduction, en effet, il édifie, avec un certain nombre de congénères, un énorme nid qui peut être l'œuvre de plusieurs générations, car il est entretenu et agrandi en toutes saisons. Pourtant, le républicain est très combatif et les bagarres entre voisins ne sont point rares ; on les voit alors tomber à terre, accrochés l'un à l'autre, et se battre jusqu'à épuisement. Certains nids ont été occupés pendant plusieurs dizaines d'années, parfois même un siècle... Chaque couple dispose d'une cellule comprenant un tunnel d'accès s'ouvrant vers le bas et d'un logement mesurant environ 12 cm de diamètre et 9 cm de haut. L'ensemble de ces chambres est protégé par un toit très épais. Les républicains placent leur construction sur un acacia isolé au milieu des steppes arides, sur un aloès ou un poteau télégraphique.

Une ambiance douillette. Le républicain peut nicher en toutes saisons à condition que les pluies tombent, car elles favorisent l'apparition d'insectes et la croissance des herbes dont il mange les graines. A l'intérieur de son immeuble, l'oiseau ignore le froid : la température des pièces inoccupées reste supérieure de plusieurs degrés à celle de l'extérieur ; quand les républicains s'y tiennent, elle est de 19 à 23 °C plus élevée. Au Transvaal, la nidification a été observée entre août et février, mais aussi en avril, quand il pleut.

Longueur : 14 cm. Longueur du bec : 16 mm.

Les premières brindilles qui servent de fondation au vaste nid communautaire sont entassées sur une grosse branche qui soutiendra tout l'édifice. Peu à peu, les oiseaux construisent le toit ; quand il est achevé, ils disposent les appartements individuels. Ceux-ci sont formés de tiges plus fines dont les extrémités pointues sont alignées du côté de l'entrée et légèrement tournées vers l'intérieur, de sorte que l'on se pique si l'on enfonce la main dans un nid.

Le républicain fait partie de la même famille que les tisserins : tous sont des passereaux mangeurs de graines ; c'est pourquoi ils ont un bec épais. En dehors du républicain, la perruche-souris d'Amérique tropicale est un autre oiseau qui bâtit un nid communautaire occupé par plusieurs couples.

Le républicain pond de 2 à 6 œufs blanchâtres couverts de nombreuses taches gris-vert et gris ardoise. Leur incubation dure 13 ou 14 jours, et les oisillons s'envolent à l'âge de 21 à 24 jours. En une saison de reproduction, un couple peut élever deux ou même trois nichées, le record étant quatre.

Ces petits perroquets, des inséparables à cou rose, s'installent volontiers dans les compartiments vides des nids de républicains. Un faucon pygmée en profite également. Tous peuvent cohabiter avec les républicains, mais il arrive qu'ils expulsent les légitimes propriétaires pour prendre leur place.

Les scorpions

Un venin inutile ? Saisissant le lézard avec ses pinces, le scorpion l'approche de ses mâchoires et commence à le déchiqueter. Va-t-il lui injecter le poison contenu dans une ampoule à l'extrémité de son abdomen ? Non ! le lézard est déjà mort, et le scorpion le réduit peu à peu en une bouillie qu'il aspirera dans son estomac. Les scorpions se servent de leur venin moins souvent qu'on ne le pense et leur provision est si faible, qu'après épuisement, deux à quatre semaines se passent avant qu'elle soit reconstituée.

Pour tuer une grosse proie, le scorpion recourbe sa « queue » en avant jusqu'au niveau de la bouche, et enfonce le dard relié aux deux glandes qui produisent le dangereux liquide. La nuit, dans le désert, il chasse à l'aveuglette, car sa vue est faible ; souvent il faut que la proie le touche pour qu'il se décide à l'attaquer. Cependant, il peut aussi la repérer à distance grâce à des poils très fins situés près de ses pinces et qui sont fort sensibles aux moindres vibrations de l'air.

Il craint la chaleur ! Les scorpions des déserts redoutent les températures très élevées du jour, mais supportent assez bien la sécheresse. Aux heures les plus chaudes, ils se cachent sous des pierres ou dans un terrier.

Cette femelle (ci-dessous) porte ses petits pendant 7 à 10 jours après leur naissance. Une fois qu'ils ont changé de peau, ils commencent à se déplacer et à se nourrir seuls ; mais, au début, ils se dévorent parfois entre eux...

La plupart des scorpions sont immunisés contre leur propre venin et, contrairement à ce que l'on croit, ils ne se suicident pas s'ils sont placés tout près d'un feu. Il peut toutefois arriver qu'ils se piquent, car la chaleur intolérable les conduit à faire des mouvements désordonnés. Mais cela se produit tout à fait involontairement, et ils ne meurent que complètement desséchés.

Longueur : les plus gros scorpions sahariens mesurent 12 cm de long. Le plus grand du monde *(Pandinus imperator)* mesure 18 cm.

Danse nuptiale de deux scorpions. Le mâle (à gauche) dépose un spermatophore (sorte de sac dans lequel se trouvent les cellules reproductrices mâles, ou spermatozoïdes) ; il recule et force la femelle (à droite) à se soulever. En bas, la femelle va prendre le spermatophore. Le sac s'ouvrira dans son corps et les cellules mâles féconderont les cellules reproductrices femelles, ou ovules. Ceux-ci deviendront des œufs d'où sortiront les jeunes.

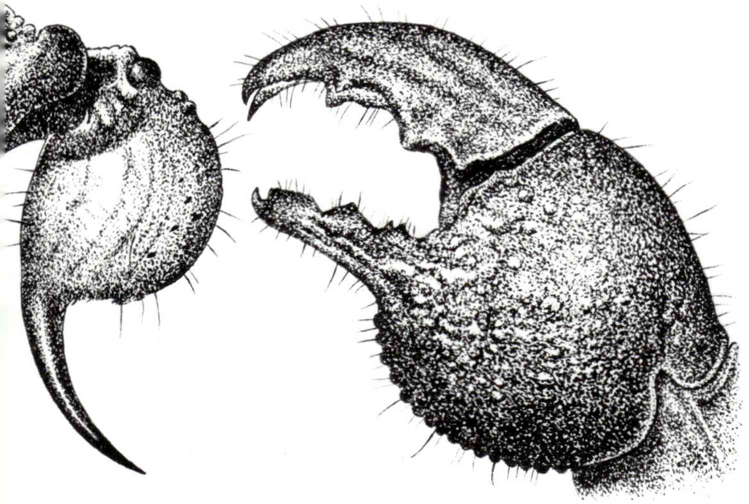

A gauche : extrémité de l'abdomen d'un scorpion. On distingue le renflement contenant les deux glandes qui produisent le venin et le dard qui l'inocule en piquant. A droite : pince située à l'extrémité de la première paire de pattes — également appelées pattes-mâchoires — qui servent à saisir les proies.

Les scorpions se nourrissent de petites proies vivantes qu'ils maintiennent par les pinces et mordent avec leurs mâchoires, ou chélicères. Ci-dessus : une araignée du groupe des lycoses est piquée avec le dard. Cette espèce ne tisse pas de toile, mais vit à l'abri dans un terrier.

Quelques scorpions européens et africains. De gauche à droite : *Euscorpius italicus*, répandu dans le sud de l'Europe et au Maroc ; *Orthochirus innesi* vit au Sahara ; *Buthus occitanus* se rencontre en Europe et en Afrique du Nord ; le plus grand, *Pandinus imperator*, vit en Afrique occidentale.

La vipère à cornes

Une énigme. Sur le sable, une vipère à cornes a laissé des traces insolites, alignées comme les barreaux d'une échelle dépourvue de montants... Au lieu de zigzaguer comme la plupart des serpents, elle semble avoir fait une série de bonds presque perpendiculaires à la direction qu'elle suivait ! L'énigme posée par ces traces est facilement résolue si l'on observe cette vipère saharienne ramper. Se déplaçant par ondulations latérales, elle avance l'arrière du corps, tire la partie antérieure, et recommence inlassablement. La partie centrale de son corps ne touche pas terre et les empreintes des points qui se sont appuyés font un angle de 40 à 60 degrés par rapport au sens du déplacement. Le reptile s'appuie tantôt sur le côté gauche du corps, tantôt sur l'autre. Mais ces traces disparaissent rapidement, car le vent a tôt fait de les effacer en soufflant du sable sur elles.

Invisible dans le sable. Adaptée à vivre dans les régions arides presque totalement dépourvues de végétation, la vipère à cornes est répandue dans le sud de l'Afrique du Nord et au Sahara, de la Mauritanie à l'Arabie. Ses habitudes ressemblent à celles des serpents à sonnettes des déserts nord-américains dont elle constitue en quelque sorte l'équivalent. L'hiver, il gèle au Sahara et la vipère passe la nuit dans un trou profond d'où elle sort le jour pour se chauffer au soleil. En revanche, l'été, elle ne chasse activement que la nuit, visitant les terriers des rongeurs pour découvrir une proie. Le jour, elle évite le soleil et se cache dans un creux ou dans le sable, s'enfouissant très rapidement, en dix ou vingt secondes. Si on la dérange, elle frotte l'un contre l'autre un ou deux anneaux de son corps ; les écailles de ses flancs, pourvues d'une arête, produisent alors une sorte de grésillement analogue au bruit de l'eau répandue sur une plaque métallique brûlante. Ce bruit rythmé permet de la reconnaître. Si la menace se précise, la vipère relève la tête, la rejette en arrière et attaque.

Longueur : 60 à 80 cm. (Une espèce très voisine, vivant dans les dunes, ne dépasse pas 50 cm.)

A demi-cachée dans le sable, cette vipère à cornes attend qu'une proie passe à sa portée. Un lézard s'approche ; de toute évidence il n'a pas remarqué les deux écailles dressées du reptile. Quand il se trouve à bonne distance, la vipère s'avance rapidement pour le saisir. Ce type de chasse à l'affût est pratiqué dans la journée ; de nuit, la vipère à cornes se déplace davantage à la recherche de ses proies favorites.

Au-dessus de chaque œil se dresse une grande écaille pointue, d'où le nom de vipère à cornes. Leur rôle n'a pas encore été démontré. Chez certaines vipères, ces écailles sont très courtes et à peine visibles. Les yeux ont une pupille en forme de fente disposée dans le sens vertical.

La vipère à cornes pond 10 à 20 œufs qui, à la température de 28 ou 29 °C, éclosent au bout de 48 heures. Les jeunes ressemblent à leur mère et possèdent déjà des crochets à venin qui fonctionnent. Ils se nourrissent principalement de petites proies, criquets et lézards.

Ce faucon lanier, qui se précipite sur une vipère à cornes, va l'immobiliser avec ses griffes. Au Sahara, le lanier chasse aussi le lézard fouette-queue.

Les hiboux grands-ducs sahariens capturent peut-être eux aussi la vipère à cornes bien qu'ils soient plus petits que leurs congénères européens.

Le springbok

Record de saut. Le titre de champion de saut en longueur peut être revendiqué par plusieurs mammifères sauvages. Le puma pourrait franchir 12 mètres ; l'un des grands kangourous sauterait jusqu'à 7,50 mètres d'un seul bond s'il est bien lancé. Mais l'un et l'autre sont relativement lourds, et leur vitesse maximale n'a rien d'extraordinaire (le kangourou atteint 72 km/h ; quant au puma il ne poursuit pas sa proie bien longtemps). Le springbok, antilope d'Afrique du Sud, bat aisément ses concurrents puisqu'il pourrait franchir 15 mètres d'un seul bond quand il est effrayé et atteindre la vitesse de 90 km/h au galop ! Ses qualités de sauteur lui ont valu son nom hollandais qui signifie « chèvre sauteuse ». Il ressemble à plusieurs autres gazelles (par exemple celle de Thomson), mais en diffère surtout par la forme et les dimensions de ses cornes, par les poils de sa croupe, par sa détente et sa légèreté.
De nos jours, le springbok vit entre la côte atlantique (Angola, Botswana) et le désert du Kalahari. Partout, il évite le désert absolu où il périrait de faim, ainsi que les herbes trop hautes où il ne pourrait se déplacer rapidement. A l'époque de la reproduction, chaque mâle conduit un harem de dix à trente femelles suivies de leurs petits. La réunion de ces groupes explique la formation de troupeaux de plusieurs milliers de bêtes.
Prodigieux rassemblements. Au XIXe siècle, les springboks migraient par millions quand la nourriture se raréfiait — ou pour d'autres raisons demeurées inconnues. Le dernier de ces fabuleux déplacements se produisit en 1896 : les animaux avançaient sur une surface de 5 500 kilomètres carrés ! Ces foules parcouraient plusieurs centaines de kilomètres à la recherche de pâturages, et piétinaient les animaux qui ne s'éloignaient pas assez vite, ou alors les entraînaient avec eux.

Longueur : 1,25 à 1,50 m (+ queue de 25 à 30 cm).
Hauteur au garrot : 75 à 90 cm. Poids : de 20 à 45 kg.
Longévité : 10 ans et plus.

Excités, ces springboks se sont mis à bondir sur place, le dos arqué, les poils de la croupe relevés en éventail. Sautant cinq à six fois de suite, ils peuvent s'élever à 3 mètres de haut ! Ou bien, ils vont bondir en relevant et baissant la tête alternativement. Le springbok est la seule antilope capable de telles performances sans prendre de l'élan. Quand on le voit rebondir ainsi, on a l'impression qu'il est monté sur des ressorts !

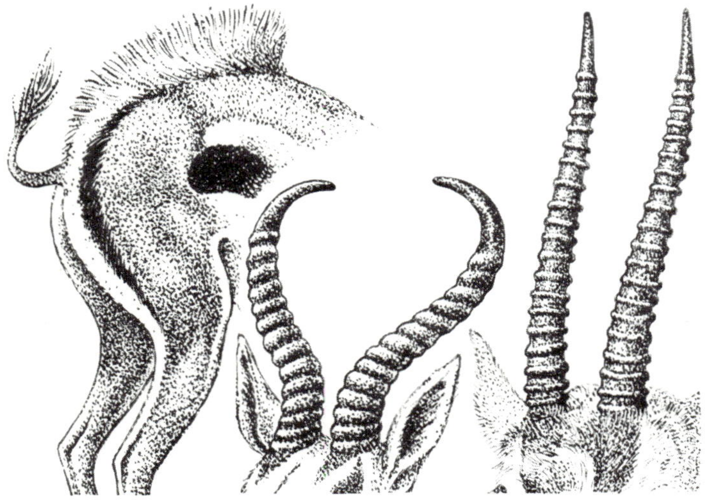

Longs de 12 à 15 cm, les poils de la croupe peuvent être dressés à volonté et forment une sorte de crête quand l'animal est excité. Les cornes du springbok (à gauche) ont la forme d'une lyre et atteignent 48 cm chez les mâles, 28 cm chez les femelles. Celles de la gazelle de Thomson (à droite) sont plus droites et plus courtes.

A sa naissance, le jeune springbok ne pèse que 4 ou 5 kilos et reste plusieurs jours dissimulé. Un chacal à chabraque vient de le découvrir et va se jeter sur lui. A 2 mois, la jeune antilope aurait atteint 12 kilos et 25 à 10 mois. Ses cornes poussent rapidement et mesurent 10 cm à 9 mois.

Le springbok broute le matin et dans la soirée ; mais également au clair de lune. Tout est calme. Mais si un danger menace, l'animal qui aura vu quelque chose de suspect redressera les poils blancs de sa croupe. A ce signal, tout le troupeau cessera de manger.

Le suricate

Rien ne leur échappe ! Retournant les petites pierres, soulevant les bouts de bois, enfonçant une patte dans les fentes du sol, une douzaine de suricates avancent lentement. De temps en temps, l'un d'eux interrompt ses recherches pour lancer des cris qui maintiennent le contact avec les autres membres du groupe. Suivie de ses quatre petits, une mère vient de trouver un insecte. Au lieu de le manger, elle le tient entre ses dents, s'approche de l'un des jeunes et l'incite à prendre la bestiole. Comme il ne paraît pas s'y intéresser, elle le dépose devant lui… et il finit par le prendre.

Cousin des mangoustes, le suricate est un étrange carnivore, car il est capable de manger presque tout ce qu'il rencontre : insectes qu'il déterre, lézards ou rongeurs. Ceux-ci sont tués d'une morsure à la nuque. S'ils cherchent à s'échapper, le suricate bondit sur eux avec une rapidité et une agilité extraordinaires. Quant aux proies trop volumineuses, sur lesquelles il ne peut refermer les mâchoires d'un seul coup, elles sont mordues à plusieurs reprises. Les scorpions sont saisis sans précautions. En fait, le suricate se nourrit surtout d'insectes, et les petits vertébrés ne sont chassés qu'à l'occasion. De même, il ne mange des plantes que faute de mieux.

Relations amicales. Très sociables, les suricates vivent en groupes (on les voit ici avec un « lièvre sauteur », gros rongeur), formés de deux ou trois familles qui logent dans un vaste terrier. Tous entretiennent des relations amicales, et c'est seulement quand l'un d'eux se fait chiper sa nourriture par un voisin qu'il réagit en grognant et en claquant des dents. Loin de fuir le contact de leurs compagnons, les suricates le recherchent quand ils sont dans leur abri, et se reposent serrés les uns contre les autres. Le cri d'alarme lancé par un membre du groupe avertit les autres de l'approche d'un danger mal reconnu.

Longueur : 30 cm (+ queue de 20 cm). Hauteur à l'épaule : 15 cm.
Poids : 600 à 900 g. Longévité en captivité : 8 ans et demi.

Aux aguets, un suricate a repéré un aigle de Verreaux qui tourne dans le ciel. Un cri d'alarme est lancé, et toute la famille se réfugie dans le terrier. Ce grand rapace, encore appelé aigle noir, se nourrit principalement de damans, petits mammifères ressemblant à des marmottes ; mais un suricate ferait bien son affaire. L'aigle de Verreaux construit son nid dans les falaises et, de là, parcourt un très vaste terrain de chasse (10 à 60 km^2).

A gauche : un ichneumon, parent du suricate, qui vit en Afrique, mais dont la répartition est très vaste. Le suricate ne se rencontre que dans le sud-ouest et le sud du continent. A droite : le suricate ; ses griffes antérieures (en haut) sont bien plus longues que celles de l'ichneumon (en bas).

En novembre ou décembre, 2 à 4 petits naissent dans le terrier après une gestation de 11 semaines. A l'âge de 3 ou 4 semaines, ils sont sevrés et, à 2 mois et demi, ils mangent tout seuls, mais demeurent avec leur mère pendant près d'un an, après quoi les jeunes femelles doivent s'éloigner.

Ce suricate attaque un gros scorpion. Sans être totalement immunisé, il ne craint pas son venin, pas plus que celui des grosses scolopendres (mille-pattes) et des serpents, qu'il tue avec ses griffes et ses dents. En réalité, il est peu sensible au poison que ces différents animaux peuvent lui injecter.

Le serpent à sonnettes

La sonnette marche ! Inquiété par l'approche d'un chien ou d'un homme, le crotale diamantin soulève la queue et agite frénétiquement sa sonnette : à 20 ou même 30 mètres, on l'entend encore. On dirait la stridulation d'une cigale ou le bruit d'un petit jet de vapeur. Les meilleures « sonnettes » ont sept ou huit « grelots ». Si l'avertissement ne suffit pas, le crotale redresse l'avant du corps, balance la tête et s'apprête à mordre celui qui l'importune. Les mâchoires s'ouvrent, les crochets à venin basculent, en position pour s'enfoncer dans la chair. Il vaut alors mieux s'éloigner.

Sur vingt-huit espèces de crotales, ou serpents à sonnettes, quinze vivent aux États-Unis. Tous possèdent au bout de la queue une sonnette. Celle-ci est formée par des anneaux de peau très épaisse (les grelots) qui, au lieu de tomber au moment de la mue, restent fixés et s'ajoutent aux précédents à mesure que le serpent grandit. Un jeune crotale mue trois ou quatre fois par an, un vieux une seule fois. Malgré cela, on ne peut pas calculer l'âge du serpent d'après le nombre de ses anneaux, car ils s'usent, se cassent et tombent. Dans la nature, il est rare de rencontrer un crotale ayant une sonnette de dix ou douze anneaux.

Télédétection. Dans le désert, le crotale diamantin chasse au crépuscule ou la nuit quand la température de l'air et du sol est devenue supportable. Le jour, il se tient à l'ombre ou dans une cavité. Incapable d'entendre les bruits, il repère ses proies à faible distance grâce à deux organes situés entre les yeux et les narines. Ces fossettes sont sensibles à la chaleur dégagée par le corps des petits animaux. Malgré l'obscurité, le crotale peut donc connaître la position des rats-kangourous, des oiseaux ou des lézards immobiles. Le venin du crotale diamantin tue rapidement, car il détruit les vaisseaux sanguins, ce qui entraîne des désordres très graves se traduisant finalement par un arrêt du cœur ou de la respiration.

Longueur : 75 cm à 2,20 m.

Ce mustang (cheval redevenu sauvage dans l'ouest des États-Unis) est passé trop près d'un crotale qui se dresse et le mord à la patte. La morsure est si douloureuse que le mustang est contraint de s'arrêter et de se coucher. Mais il ne risque guère de mourir en raison de sa taille. En revanche, le venin du crotale diamantin est mortel pour l'homme, et ce reptile est considéré comme le plus dangereux de tous les serpents d'Amérique du Nord.

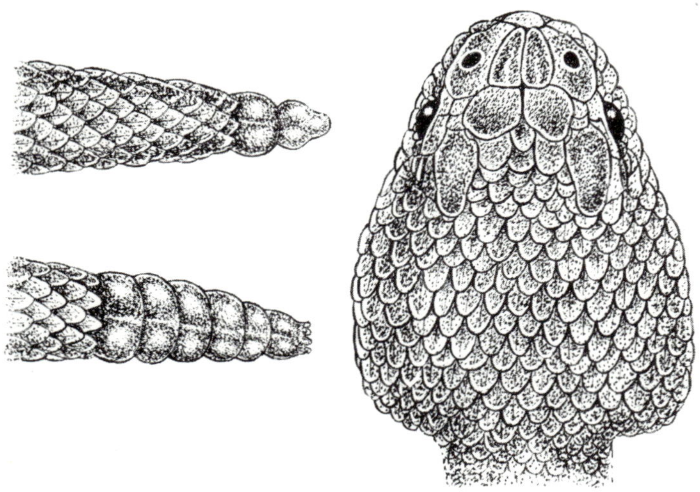

A gauche : sonnette au début de sa formation ; il n'y a que deux segments emboîtés. Au-dessous : on en compte déjà six. A droite : les crotales ont une tête triangulaire nettement séparée du corps par un rétrécissement important au niveau du cou. La plupart des vipères ont une silhouette assez voisine.

Le crotale diamantin est vivipare, c'est-à-dire qu'il met au monde des jeunes complètement débarrassés de l'enveloppe de l'œuf. Au nombre de 9 à 14, ils ressemblent en tous points à leur mère ; sauf en ce qui concerne la sonnette qui n'est pas encore formée et ne peut donc produire de bruit.

Ce crotale est en train d'avaler un rat-kangourou, un petit rongeur qui vit dans les déserts du sud-ouest des États-Unis et qui mesure environ 23 cm au total. La proie est avalée la tête la première, et les mâchoires s'écartent largement pour la laisser passer dans l'œsophage.

Les déserts dans la répartition des principales zones climatiques.

Les déserts du monde

Les régions arides couvrent environ un tiers de la surface des terres émergées. Toutefois, les déserts proprement dits en occupent un cinquième, soit trente millions de kilomètres carrés. Le plus grand désert est le Sahara, avec neuf millions de kilomètres carrés. On admet généralement qu'un désert est une contrée où il tombe moins de 25 cm d'eau par an (le record est détenu par le désert d'Atacama, dans le nord du Chili, où, en l'espace de dix-neuf ans, il n'est tombé que 0,6 mm d'eau !). Il y a des déserts froids (Arctique, continent antarctique, grand glacier du Groenland, sud de la Patagonie) et des déserts chauds, ceux auxquels on pense le plus souvent. Dans ces derniers, le thermomètre peut monter jusqu'à 56,6 °C (température observée dans la Vallée de la Mort, aux États-Unis).

Des ceintures de sable.

Les déserts sont en progression constante et envahissent chaque année 70 000 kilomètres carrés de terres. Ils s'étendent comme une ceinture de part et d'autre de l'équateur. En Amérique du Nord, au sud-ouest des États-Unis, il y en a trois (déserts Mohave, de Sonora et Chihuahua), et deux d'entre eux ont plus de 110 000 kilomètres carrés ensemble. Ils se trouvent dans les États d'Arizona, de Californie, du Colorado, du Nevada, du Nouveau-Mexique et de l'Utah. En Amérique du Sud, les déserts bordent la côte occidentale au Pérou et au Chili. En Afrique, le Sahara couvre plus du quart du continent ; au sud, le Namib proche de l'océan Atlantique, et le Kalahari (518 000 kilomètres carrés) lui font pendant. Le Moyen-Orient possède les déserts de Syrie, d'Arabie (647 000 kilomètres carrés) et d'Iran. Au nord s'étendent ceux qui entourent la mer d'Aral au Turkestan et au Kazakhstan (800 000 kilomètres carrés) : Kyzyl-Koum, Kara-Koum et Oust-Yourt. Plus à l'est, les déserts du Takla-Makan (Chine) et de Gobi (Mongolie et Chine) (1 036 000 kilomètres carrés) sont les derniers, mais les plus grands d'Asie. Au sud, proche de celui d'Iran, le désert de Thar (260 000 kilomètres carrés) fait partie de la péninsule indienne. Enfin, en Australie, un vaste désert, le grand désert de sable (1 500 000 kilomètres carrés), couvre tout le centre du continent. En réalité, on distingue plusieurs zones arides qui sont contiguës. Les pluies y tombent en très faible quantité chaque année (entre 100 et 250 mm). Dans l'est, le lac Eyre, recouvert de sel aux deux tiers, mesure tantôt 9 000 kilomètres carrés, tantôt 13 000 selon qu'il pleut ou non.

Les illustrations au trait sont d'Alexis Oussenko.

Imprimé en France par BRODARD GRAPHIQUE – Coulommiers Paris. HH/3472/2.
Dépôt légal n° 1399-10-1985 – 29.60.0343.04.
I.S.B.N. 2.01.003390.6

Loi n° 49.956 du 16 juillet 1949 sur les publications destinées à la Jeunesse. Dépôt 10-85.

29/0343/3
85-X

La Vie privée des Hommes

(suite)

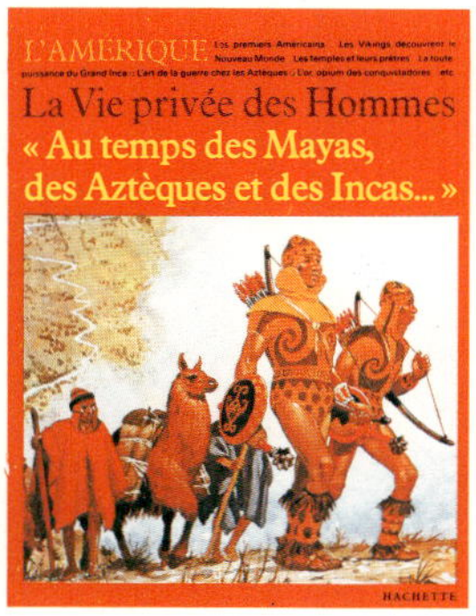

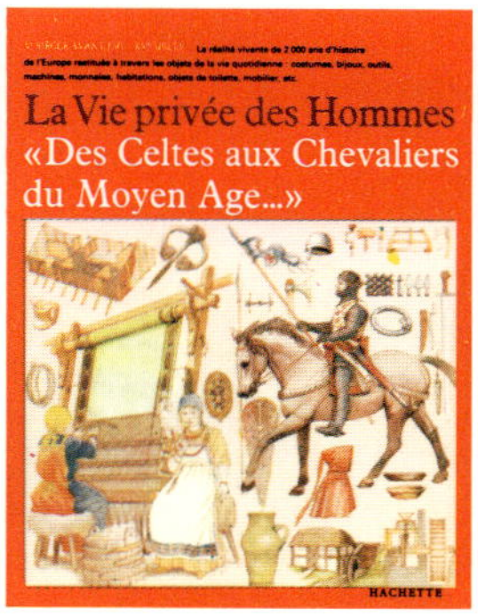

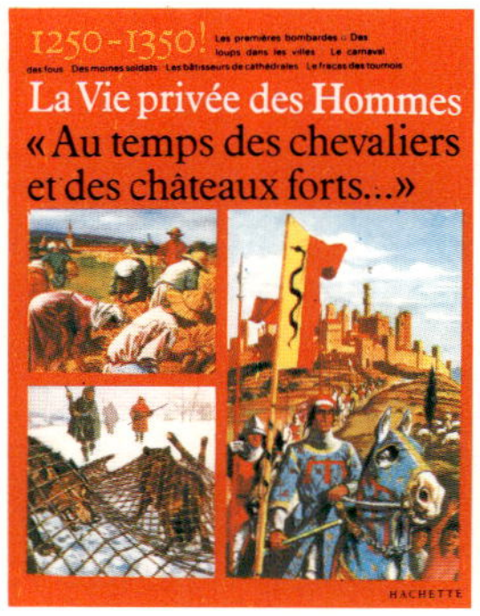

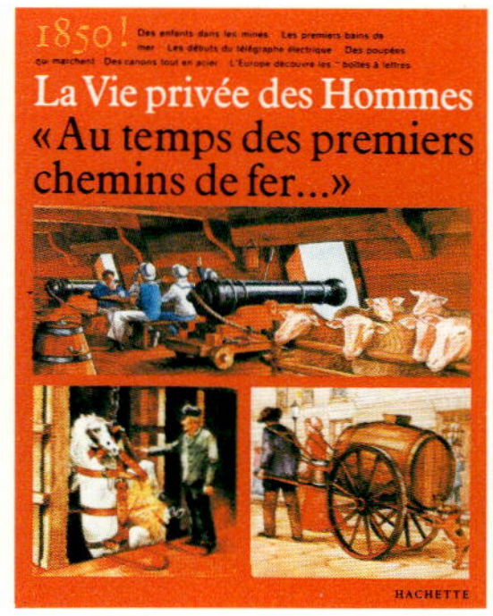

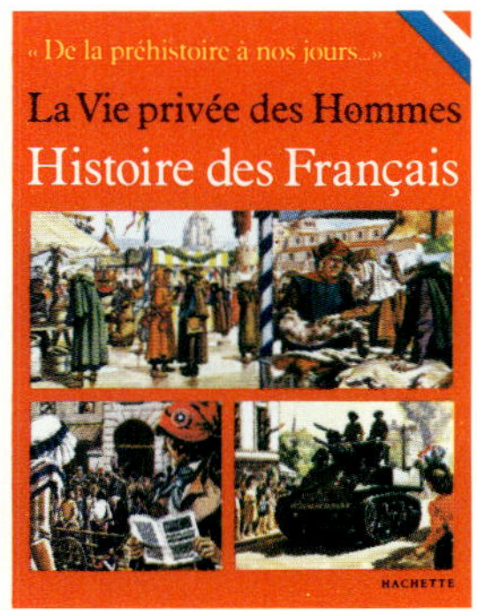

La vie secrète des bêtes

(suite)